C.

Photographie V. Plumier

Terminé par A. Riffaut

Photographie sur acier par Mᵐᵉ Riffaut d'après les procédés de Mᵉ N. de S.ᵗ V.

Niepce de S.ᵗ Victor

Imp. Salmon et Sauson e Cⁱᵉ le Cœur 8 Paris

TRAITÉ PRATIQUE

DE

GRAVURE HÉLIOGRAPHIQUE.

Paris. — Imprimerie de L. MARTINET, rue Mignon, 2.

TRAITÉ PRATIQUE

DE

GRAVURE HÉLIOGRAPHIQUE

SUR ACIER ET SUR VERRE

PAR

M. NIEPCE DE SAINT-VICTOR

PARIS

LIBRAIRIE DE VICTOR MASSON

PLACE DE L'ÉCOLE-DE-MÉDECINE

1856

Avant d'entrer dans la description de mes procédés de *gravure héliographique*, je crois utile de passer rapidement en revue les travaux qui ont précédé la publication du premier Mémoire que j'ai présenté sur ce sujet à l'Académie des sciences.

Un fait curieux et qu'il n'est pas sans intérêt de rappeler, c'est que la gravure héliographique, qui semble un complément, ou si l'on veut une application de la photographie, en a été au contraire le point de départ. En effet, lorsque mon oncle Nicéphore Niepce commença en 1813 les laborieuses recherches qui devaient aboutir à l'invention de la photographie, l'idée qui le préoccupa tout d'abord et dont il poursuivit la réalisation jusqu'au succès, fut de reproduire sur une plaque de métal, pour la transformer ensuite en planche gravée, l'image de la chambre obscure.

Mon oncle se servait d'abord d'une plaque d'étain poli et s'attachait à la reproduction des estampes; quelques-unes de ses épreuves existent encore. Plus tard il employa l'argent plaqué et obtint des vues d'après nature, ainsi que le prouve sa correspondance avec M. Lemaître (1). Je donne plus loin son procédé, qui a servi de base à mes recherches, et qui doit rester à l'éternel honneur de Nicéphore Niepce comme étant le premier moyen qui ait permis de reproduire l'image de la chambre obscure, ce qui constituait l'invention de la photographie.

Après l'association qui eut lieu entre mon oncle et Daguerré, association dans laquelle Niepce apportait son *invention* et Daguerre « une nouvelle combinaison de chambre noire », d'après les termes mêmes du traité qu'ils passèrent, l'idée d'obtenir des planches gravées fut abandonnée; d'ailleurs la mort vint bientôt arracher mon oncle à ses travaux, à ses rêves, comme on le croyait alors, car personne à cette époque, excepté lui peut-être, ne pouvait prévoir quels merveilleux résultats naîtraient de sa découverte.

Ce ne fut qu'après la publication du daguerréotype, et quand on vit ces épreuves qui inspirèrent tant d'étonne-

(1) Voyez sa lettre du 4 octobre 1829, publiée dans le journal *la Lumière* du 30 mars 1851, et le *Moniteur* du 16 janvier 1853.

ment et d'admiration, que l'on songea de nouveau à transformer ces plaques uniques en planches gravées que l'on pût, sous la presse, reproduire à l'infini.

M. le docteur Donné fut le premier qui parvint à obtenir quelque résultat satisfaisant. Entourant une plaque daguerrienne d'une marge de vernis, il versait sur l'image de l'eau-forte étendue de quatre parties d'eau qu'il y laissait séjourner pendant quelques minutes. L'acide, dissolvant l'argent sans altérer le mercure, attaquait les parties noires de l'image et laissait intactes les parties blanches. Quand il jugeait la morsure assez profonde, l'opérateur enlevait les marges de vernis, lavait à grande eau, et la planche pouvait dès lors être livrée à l'impression. Mais, outre que ce procédé ne donnait que des dessins très incomplets, il avait l'inconvénient de ne pouvoir fournir qu'une quarantaine d'épreuves, l'argent étant trop mou pour supporter un tirage plus considérable.

A son tour M. Fizeau entreprit des essais qui, dans ses mains habiles, ne devaient pas rester infructueux.

Voici en quoi consistait son procédé :

Il commençait, comme le docteur Donné, par soumettre la plaque à l'action de l'acide qui attaquait les parties noires sans toucher aux blanches. Puis il frottait la planche ainsi gravée avec une huile grasse qui pénétrait dans les creux sans s'attacher aux saillies. Il dorait ensuite la plaque au

2

moyen de la pile. L'or ne se déposait que sur les parties saillantes et n'entrait point dans les cavités préservées par le corps gras. Après avoir nettoyé la plaque, on l'attaquait par l'eau-forte; l'or garantissant les aspérités, on pouvait creuser le métal aussi profondément qu'on le désirait. Enfin on recouvrait la planche d'une couche de cuivre rouge, toujours par la galvanoplastie.

On peut voir encore dans les collections quelques épreuves obtenues au moyen de ce procédé par Hurleman, dont M. Figuier a si bien raconté dans une de ses dernières publications la douloureuse histoire (1). M. Claudet en a produit plusieurs qui, n'ayant pas été retouchées, donnent une idée exacte des résultats qu'on peut tirer de cette méthode. Il faut reconnaître qu'ils sont insuffisants, et que les moyens employés pour les obtenir sont trop compliqués pour devenir pratiques.

Enfin un savant anglais, M. Grove, fit de son côté quelques essais plus intéressants au point de vue scientifique qu'utiles pour la transformation des plaques daguerriennes en planches gravées. Il attachait une de ces plaques au pôle négatif d'une pile voltaïque chargée d'une liqueur légèrement acidulée, et plaçait au pôle positif une lame de platine.

_____

(1) *Les applications nouvelles de la science à l'industrie et aux arts en* 1855. 1 vol. in-18, chez Victor Masson.

L'acide attaquait l'argent représentant les parties noires de l'épreuve et gravait le dessin en creux.

On voit que tous les efforts ne tendaient à cette époque qu'à graver les planches daguerriennes, et qu'on semblait avoir complétement oublié les premiers essais de Nicéphore Niepce.

Ce n'est qu'en 1853 que moi-même je songeai à reprendre, au point où il les avait laissés, les essais de mon oncle. Alors je fus aidé dans mes recherches par M. Lemaître, graveur, au bienveillant concours duquel je suis heureux de rendre hommage, et qui avait entretenu avec Nicéphore Niepce la correspondance dont j'ai parlé plus haut. Nous substituâmes l'acier à l'étain ; en étudiant les résines et les essences, j'arrivai à modifier la composition du vernis et du dissolvant, à abréger le temps d'exposition à la lumière et à rendre le procédé plus pratique.

Le 23 mai 1853, au moment même où, par l'organe de M. E. Chevreul, le savant directeur des Gobelins, je présentai à l'Académie mon premier Mémoire sur ce sujet, M. Talbot publiait à Londres son procédé de gravure à la gélatine et au bichromate de platine, pour lequel il prenait un brevet, et qui jusqu'à présent n'a produit entre les mains de l'illustre inventeur du Talbotype que des silhouettes sans demi-teintes et sans modelé.

Quelques mois après la première communication que je fis à l'Académie conjointement avec M. Lemaître, un artiste dont je suis heureux de pouvoir citer ici le nom, M. Mante, obtint le premier des résultats remarquables. Je veux parler des belles épreuves de gravure héliographique sur acier faisant partie de l'ouvrage publié par MM. Louis Rousseau et Devéria sous le titre d'*Iconographie zoologique*, d'après les clichés de MM. Bisson frères.

M. Mante faisait les opérations héliographiques, M. Riffaut, graveur, faisait mordre les planches et les retouchait au besoin pour les terminer.

Je dois dire, dans l'intérêt de la vérité, que M. Mante obtint ses belles épreuves en se servant d'un vernis liquide dont il fit connaître la préparation quelque temps après la communication à l'Académie des sciences de celui que j'employais. Mais j'avouerai que c'est en voyant les résultats obtenus par lui que j'eus l'idée de composer un vernis liquide, convaincu que c'était le seul moyen d'obtenir des épreuves d'une grande pureté. C'est également à partir de cette époque que je continuai seul mes recherches pour arriver à perfectionner le procédé, d'autres occupations ne permettant plus à M. Lemaître de prendre part à ces travaux, ce que je regrettai vivement.

Voici, d'après M. le docteur Boulongne, la manière dont M. Mante préparait son vernis :

« Il fait dissoudre à chaud de la cire vierge dans l'essence de lavande rectifiée (une petite quantité suffit, car l'essence en dissout très peu); d'autre part, il concasse finement de l'asphalte qu'il fait dissoudre à chaud dans le précédent mélange de cire et d'essence de lavande, et de plus de benzine, à parties égales. Il fait ce vernis très épais d'abord afin de pouvoir le modifier ensuite et lui donner la consistance voulue. L'épaisseur la plus convenable est celle qui laisse sur la plaque, quand elle est sèche, un ton jaune doré.

» Son vernis une fois obtenu, il monte sur un tour une plaque d'acier polie au blanc de craie, et verse à la surface une petite quantité de ce liquide qu'il répartit, aussi également que possible, avec une baguette de verre. Cette opération est du reste singulièrement facilitée par les divers mouvements imprimés à la plaque par le tour. Quand le vernis est bien sec, il applique à la surface l'épreuve obtenue sur glace albuminée, etc. »

Depuis ces premiers essais, la gravure héliographique a progressé rapidement. J'ai apporté successivement diverses modifications dans les moyens; de son côté, M. Riffaut, qui s'y est entièrement consacré, est arrivé, par la pratique, à perfectionner considérablement les résultats. Le nombre de planches qu'il a déjà livrées à divers éditeurs s'élève à soixante-quatre aujourd'hui dans le commerce. Ce sont des portraits, des reproductions de tableaux et de dessins, des vues de monuments, etc.; quatorze sont en voie d'exécution.

Un autre artiste, M. Charles Nègre, a produit aussi un
assez grand nombre de planches, et termine en ce moment,
si nous sommes bien informé, une série de morceaux d'ar-
chitecture empruntés à la monographie de la cathédrale de
Chartres, qu'il a d'abord exécutée lui-même en photographie.
Ces dernières gravures sont de grande dimension. M. Baldus a reproduit, toujours par la gravure héliographique et
en modifiant un peu le procédé, comme je l'ai indiqué plus
loin, les eaux-fortes de Lepautre. Enfin un amateur dont
le nom est bien connu, M. Benjamin Delessert, a entrepris
la reproduction des cuivres d'Albert Dürer avec un succès
dont on a pu juger par le spécimen qui figurait dans son
cadre, en regard de l'original, à l'Exposition universelle
de 1855.

D'autres artistes, parmi lesquels je citerai M. Leffmann
et M. Thévenin, de Rome, ont également appliqué avec
avantage les procédés que je publie aujourd'hui.

On peut donc dire que la gravure héliographique fait
rapidement son chemin. Elle a pris dès maintenant sa place
à côté de la photographie; elle se prête aux mêmes applications et possède les mêmes avantages sans en avoir les
inconvénients. De plus, elle a sur la photographie cette su-
périorité que lui donne, au point de vue de la vulgarisation,
un tirage à la presse, d'où résultent à la fois la multiplicité
et le bon marché.

En un mot, selon moi, la gravure héliographique est à la photographie ce que le burin est au crayon.

Maintenant je dois dire qu'une partie des procédés que j'indique dans ce *Traité* a déjà paru dans mes diverses communications à l'Académie des sciences, réunies l'année dernière par M. Ernest Lacan, et publiées en un volume sous le titre de *Recherches photographiques*, chez MM. Alexis Gaudin et frère. J'ai emprunté à ces Mémoires ce qui touchait aux procédés, en ayant soin d'en élaguer tout ce qui était purement scientifique, et j'y ai ajouté tous les renseignements que de nouveaux essais et une pratique de trois années m'ont fournis. Je me suis attaché à n'oublier aucun de ces *tours de main* qui facilitent les opérations, et qui, tout en paraissant quelquefois futiles, ont pourtant une grande importance pour assurer le succès des expériences les plus compliquées. Je n'ai pas craint de me répéter parfois pour me faire mieux comprendre, préférant la clarté de la définition à l'élégance du style. Enfin j'ai la conviction qu'en suivant ponctuellement les indications contenues dans ce volume, on arrivera à une réussite complète. C'est là du moins mon but et mon espérance, car un procédé n'a de valeur qu'en raison des résultats qu'il produit.

NIEPCE DE SAINT-VICTOR.

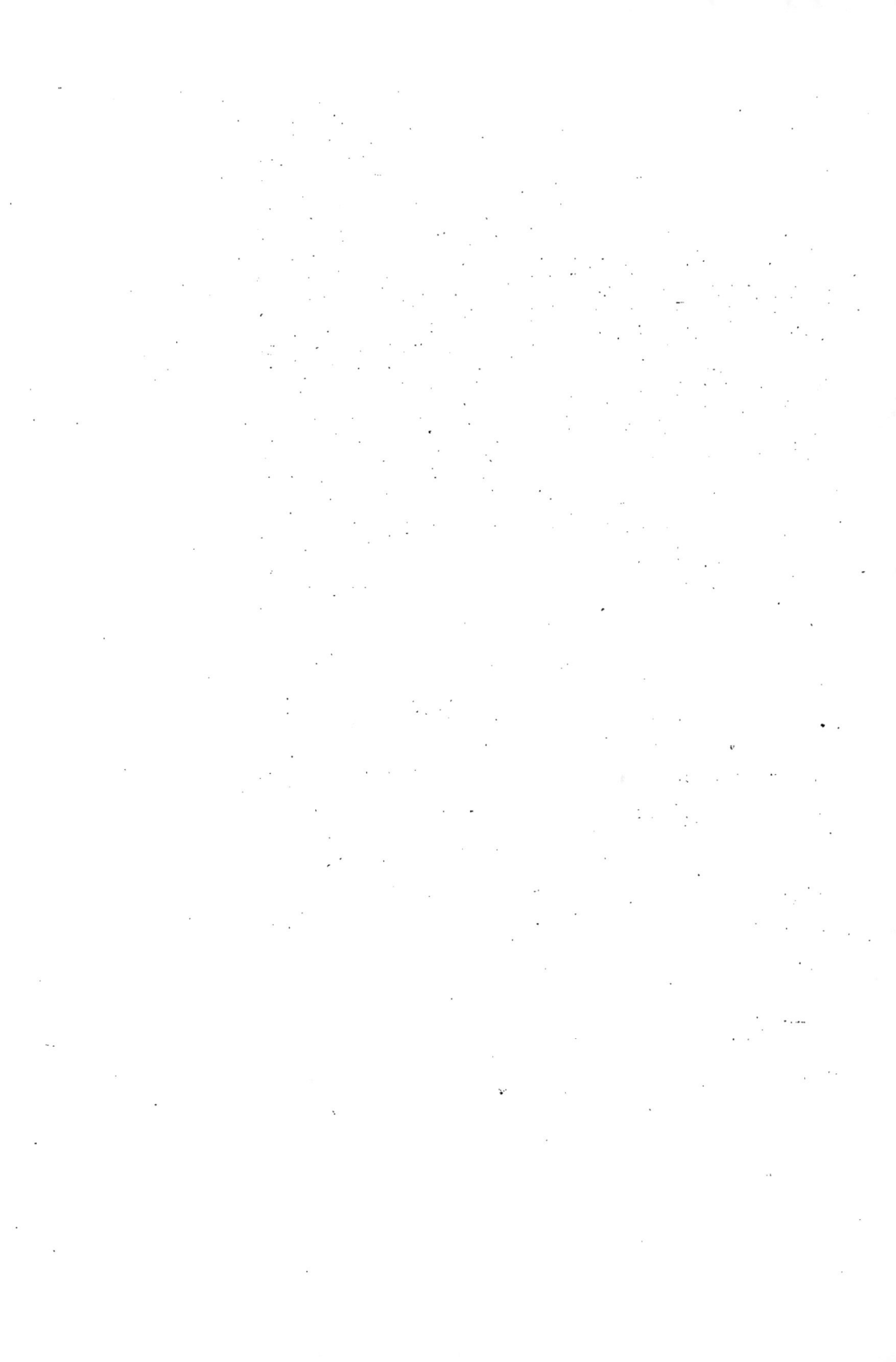

TRAITÉ PRATIQUE

DE

GRAVURE HÉLIOGRAPHIQUE

SUR ACIER ET SUR VERRE.

~~~~~~

CHAPITRE PREMIER.

PROCÉDÉ DE JOSEPH-NICÉPHORE NIEPCE.

—

HÉLIOGRAPHIE.

L'héliographie avec le bitume de Judée est le point de départ de la photographie.

Son auteur, Joseph-Nicéphore Niepce, peut donc être regardé à juste titre comme le premier inventeur de la photographie.

Avant de parler des modifications et des perfectionnements que M. Lemaître et moi avons apportés à cette découverte, je vais donner le procédé dont se servait mon oncle tel qu'il l'a décrit :

« La découverte que j'ai faite, et que je désigne sous le nom d'*héliographie*, consiste à reproduire *spontanément*, par l'action de la lumière, avec les dégradations de teintes du noir au blanc, les images reçues dans la chambre obscure.

3

PRINCIPE FONDAMENTAL DE CETTE DÉCOUVERTE.

» La lumière, dans son état de composition et de décompo-
sition, agit chimiquement sur les corps. Elle est absorbée, elle
se combine avec eux, et leur communique de nouvelles pro-
priétés. Ainsi elle augmente la consistance naturelle de quel-
ques-uns de ces corps ; elle les solidifie même et les rend plus
ou moins insolubles, suivant la durée ou l'intensité de son
action. Tel est, en peu de mots, le principe de la découverte.

Matière première. — Préparation.

» La substance ou matière première que j'emploie, celle
qui m'a le mieux réussi et qui concourt plus immédiatement à
la production de l'effet, est l'*asphalte*, ou *bitume de Judée*,
préparé de la manière suivante :
» Je remplis à moitié un verre de ce bitume pulvérisé. Je
verse dessus, goutte à goutte, de l'huile essentielle de lavande
jusqu'à ce que le bitume n'en absorbe plus et qu'il en soit
seulement bien pénétré. J'ajoute ensuite assez de cette huile
essentielle pour qu'elle surnage de trois lignes environ au-dessus
du mélange qu'il faut couvrir et abandonner à une douce
chaleur jusqu'à ce que l'essence ajoutée soit saturée de la
matière colorante du bitume. Si ce vernis n'a pas le degré de
consistance nécessaire, on le laisse évaporer à l'air libre, dans
une capsule, en le garantissant de l'humidité qu'il attire et qui
finit par le décomposer. Cet inconvénient est surtout à craindre
dans la saison froide et humide, pour les expériences faites
dans la chambre noire.
» Une petite quantité de ce vernis appliqué à froid, avec un
tampon de peau très douce, sur une planche d'argent plaqué
bien poli, lui donne une belle couleur vermeille, et s'y étend en

couche mince et très égale. On place ensuite la planche sur un fer chaud recouvert de quelques doubles de papier dont on enlève ainsi préalablement toute l'humidité ; et lorsque le vernis ne poisse plus, on retire la planche pour la laisser refroidir et finir de sécher à une température douce, à l'abri du contact de l'air humide. Je ne dois pas oublier de faire observer à ce sujet que c'est principalement en appliquant le vernis que cette précaution est indispensable. Dans ce cas, un disque léger, au centre duquel est fixée une courte tige que l'on tient à la bouche, suffit pour arrêter et condenser l'humidité de la respiration.

» La planche ainsi préparée peut être immédiatement soumise aux impressions du fluide lumineux ; mais, même, après y avoir été exposée assez de temps pour que l'effet ait lieu, rien n'indique qu'il existe réellement, car l'empreinte reste inaperçue. Il s'agit donc de la dégager, et l'on n'y parvient qu'à l'aide d'un dissolvant.

DU DISSOLVANT.

Manière de le préparer.

» Comme ce dissolvant doit être approprié au résultat que l'on veut obtenir, il est difficile de fixer avec exactitude les proportions de sa composition ; mais, toutes choses égales d'ailleurs, il vaut mieux qu'il soit trop faible que trop fort. Celui que j'emploie de préférence est composé d'une partie, non pas en poids, mais en volume, d'huile essentielle de lavande, sur dix parties, même mesure, d'*huile de pétrole blanche ;* le mélange, qui devient d'abord laiteux, s'éclaircit parfaitement au bout de deux ou trois jours. Ce composé peut servir plusieurs fois de suite ; il ne perd sa propriété dissolvante que lorsqu'il approche du terme de saturation,

ce qu'on reconnaît parce qu'il devient opaque et d'une couleur très foncée ; mais on ne peut le distiller et le rendre aussi bon qu'auparavant.

» La plaque ou planche vernie étant retirée de la chambre obscure, on verse dans un vase de fer-blanc de un pouce de profondeur, plus long et plus large que la plaque, une quantité de dissolvant assez considérable pour que la plaque en soit totalement recouverte. On la plonge dans le liquide, et, en la regardant sous un certain angle, dans un faux jour, on voit l'empreinte apparaître et se découvrir peu à peu, quoique encore voilée par l'huile qui surnage, plus ou moins saturée de vernis. On enlève alors la plaque, et on la pose verticalement pour laisser bien égoutter le dissolvant. Quand il ne s'en échappe plus, on procède à la dernière opération, qui n'est pas la moins importante.

DU LAVAGE.

Manière d'y procéder.

» Il suffit d'avoir pour cela un appareil composé d'une planche de quatre pieds de long et plus large que la plaque. Cette planche est garnie sur champ, dans sa longueur, de deux liteaux bien joints, faisant une saillie de deux pouces. Elle est fixée à un support par son extrémité supérieure, à l'aide de charnières qui permettent de l'incliner à volonté, pour donner à l'eau que l'on verse le degré de vitesse nécessaire. L'extrémité inférieure de la planche aboutit dans un vase destiné à recevoir le liquide qui s'écoule.

» On place la plaque sur cette planche inclinée, on l'empêche de glisser en l'appuyant contre deux petits crampons qui ne doivent pas dépasser l'épaisseur de la plaque. Il faut avoir soin, dans cette saison-ci, de se servir d'eau tiède. On ne la verse pas sur la plaque mais au-dessus, afin qu'en y arrivant elle fasse nappe et enlève les dernières portions d'huile adhérente au vernis.

» C'est alors que l'empreinte se trouve complétement dégagée, et partout d'une grande netteté, si l'opération a été bien faite, et surtout si l'on a pu disposer d'une chambre noire perfectionnée.

APPLICATION DES PROCÉDÉS HÉLIOGRAPHIQUES.

» Le vernis employé pouvant s'appliquer indifféremment sur pierre, sur métal et sur verre, sans rien changer à la manipulation, je ne m'arrêterai qu'au mode d'application sur argent plaqué et sur verre, en faisant toutefois remarquer, quant à la gravure sur cuivre, que l'on peut sans inconvénient ajouter à la composition du vernis une petite quantité de cire dissoute dans l'huile essentielle de lavande.

» Jusqu'ici l'argent plaqué me paraît être ce qu'il y a de mieux pour la reproduction des images, à cause de sa blancheur et de son état. Une chose certaine, c'est qu'après le lavage, pourvu que l'empreinte soit bien sèche, le résultat obtenu est déjà satisfaisant. Il serait pourtant à désirer que l'on pût, en noircissant la planche, se procurer toutes les dégradations de teintes du noir au blanc. Je me suis donc occupé de cet objet en me servant d'abord de *sulfure de potasse liquide ;* mais il attaque le vernis quand il est concentré, et si on l'allonge d'eau, il ne fait que rougir le métal. Ce double inconvénient m'a forcé d'y renoncer.

» La substance que j'emploie maintenant, avec plus d'espoir de succès, est l'*iode,* qui a la propriété de se vaporiser à la température de l'air. Pour noircir la planche par ce procédé, il ne s'agit que de la dresser contre une des parois intérieures d'une boîte ouverte dans le dessus, et de placer quelques

grains d'*iode* dans une petite rainure pratiquée le long du côté
opposé, dans le fond de la boîte. On la couvre ensuite d'un
verre pour juger de l'effet qui s'opère moins vite, mais bien
plus sûrement. On peut alors enlever le vernis avec l'alcool, et
il ne reste plus aucune trace de l'empreinte primitive. Comme
ce procédé est encore tout nouveau pour moi, je me bornerai
à cette simple modification, en attendant que l'expérience
m'ait mis à portée de recueillir là-dessus des détails plus cir-
constanciés.

» Deux essais de points de vue sur verre, pris dans la
chambre obscure, m'ont offert des résultats qui, bien que
défectueux, me semblent devoir être rapportés, parce que ce
genre d'application peut se perfectionner plus aisément et
devenir par la suite d'un intérêt tout particulier.

» Dans l'un de ces essais, la lumière ayant agi avec moins
d'intensité, a découvert le vernis de manière à rendre les
dégradations de teintes beaucoup mieux senties ; de sorte que
l'empreinte, vue par *transmission*, reproduit jusqu'à un certain point les effets connus du *diorama*.

» Dans l'autre essai, au contraire, où l'action du fluide lumineux a été plus intense, les parties les plus éclaircies n'ayant
pas été attaquées par le dissolvant, sont restées transparentes,
et la différence des teintes résulte uniquement de l'épaisseur
relative des couches plus ou moins opaques du vernis. Si
l'empreinte est vue par *réflection*, dans un miroir, du côté
verni et sous un angle déterminé, elle produit beaucoup d'effet,
tandis que, vue par *transmission*, elle ne présente qu'une
image confuse et incolore ; et ce qu'il y a d'étonnant, c'est
qu'elle paraît affecter les couleurs locales de certains objets.
En méditant sur ce fait remarquable, j'ai cru pouvoir en tirer
des inductions qui permettraient de la rattacher à la théorie
de Newton sur le phénomène des anneaux colorés.

» Il suffirait pour cela de supposer que tel rayon prismatique, le rayon vert, par exemple, en agissant sur la substance du vernis, et en se combinant avec elle, lui donne le degré de solubilité nécessaire pour que la couche qui en résulte après la double opération du dissolvant et du lavage *réfléchisse la couleur verte.* Au reste, c'est à l'observation seule à constater ce qu'il y a de vrai dans cette hypothèse, et la chose me semble assez intéressante par elle-même pour provoquer de nouvelles recherches et donner lieu à un examen plus approfondi.

OBSERVATIONS.

» Quoiqu'il n'y ait, sans doute, rien de difficile dans l'emploi des moyens d'exécution que je viens de rapporter, il pourrait se faire toutefois qu'on ne réussît pas complétement de prime abord.

» Je pense donc qu'il serait à propos d'opérer en petit, en copiant des gravures à *la lumière diffuse,* d'après la préparation fort simple que voici :

» On vernit la gravure seulement du côté *verso,* de manière à la rendre bien transparente. Quand elle est parfaitement sèche, on l'applique du côté *recto,* sur la planche vernie, à l'aide d'un verre dont on diminue la pression en inclinant la planche sous un angle de 45 degrés. On peut, de la sorte, avec deux gravures ainsi préparées, et quatre petites plaques de doublé d'argent, faire plusieurs expériences dans la journée, même par un temps sombre, pourvu que le local soit à l'abri du froid et surtout de l'humidité qui, je le répète, détériore le vernis à tel point, qu'il se détache par couches de la planche, quand on la plonge dans le dissolvant. C'est ce qui m'empêche de me servir de la chambre noire durant la mauvaise saison. En multipliant les expériences dont je viens de parler, on sera bientôt parfaitement au fait de tous les procédés de la manipulation.

» Relativement à la manière d'appliquer le vernis, je dois rappeler qu'il ne faut l'employer qu'en consistance assez épaisse pour former une couche compacte et aussi mince qu'il est possible, parce qu'il résiste mieux à l'action du dissolvant, et devient d'autant plus sensible aux impressions de la lumière.

» A l'égard de l'*iode*, pour noircir les épreuves sur argent plaqué, comme à l'égard de l'*acide* pour graver sur cuivre, il est essentiel que le vernis, après le lavage, soit tel qu'il est désigné dans le deuxième essai sur verre, rapporté ci-dessus ; car alors il est bien moins perméable, soit à l'*acide*, soit aux émanations de l'*iode*, principalement dans les parties où il a conservé toute sa transparence, et ce n'est qu'à cette condition que l'on peut, même à l'aide du meilleur appareil d'optique, se flatter de parvenir à une complète réussite.

ADDITIONS.

» Quand on ôte la planche vernie pour la faire sécher, il ne faut pas seulement la garantir de l'humidité, mais avoir soin de la mettre à l'abri du contact de la lumière.

» En parlant des expériences faites à la lumière diffuse, je n'ai rien dit de ce genre d'expérience sur verre. Je vais y suppléer pour ne pas omettre une amélioration qui lui est particulière.

» Elle consiste simplement à placer sous la plaque de verre un papier noir, et à interposer un cadre de carton entre la plaque, du côté verni, et la gravure qui doit avoir été préalablement collée au cadre de manière à être bien tendue. Il résulte de cette disposition, que l'image paraît beaucoup plus vive que sur un fond blanc, ce qui ne peut que contribuer à la promptitude de l'effet ; et en second lieu, que le vernis n'est pas exposé à être endommagé par suite du contact immédiat de la gravure, comme dans l'autre procédé, inconvénient qu'il n'est pas aisé d'éviter par un temps chaud, le vernis fût-il même très sec.

» Mais cet inconvénient se trouve bien compensé par l'avantage qu'ont les épreuves sur argent plaqué de résister à l'action du lavage, tandis qu'il est rare que cette opération ne détériore pas plus ou moins les épreuves sur verre, substance qui offre moins d'adhérence au vernis, en raison de sa nature et de son poli plus parfait.

» Il s'agissait donc, pour remédier à cette défectuosité, de donner plus de *mordant* au vernis, et je crois y être parvenu, autant du moins qu'il m'est permis d'en juger d'après des expériences récentes et trop peu nombreuses. Ce nouveau vernis consiste dans une *solution de bitume de Judée* dans de l'huile animale de Dippel, qu'on laisse évaporer à la température atmosphérique au degré de consistance requis : il est plus onctueux, plus tenace et plus coloré que l'autre ; et l'on peut, après qu'il a été appliqué, le soumettre tout de suite aux impressions du fluide lumineux, qui paraît le solidifier plus promptement, parce que la grande volatilité de l'huile animale fait qu'il sèche beaucoup plus vite.

» JOSEPH-NICÉPHORE NIEPCE. »

Voilà ce qu'écrivait mon oncle le 5 décembre 1829. Je vais maintenant donner le résultat de mes propres expériences.

CHAPITRE II.

INFLUENCE DE L'AIR, DE LA LUMIÈRE ET DES DIFFÉRENTS GAZ, SUR LES BITUMES, LES RÉSINES, LES ESSENCES, LA BENZINE ET LES MATIÈRES INORGANIQUES.

Avant d'indiquer la formule du vernis qui est la base de ce procédé, je crois devoir résumer les observations que j'ai faites sur l'action que l'air, la lumière et les différents gaz exercent sur les substances qui entrent dans la composition du vernis héliographique.

Comme l'avait prévu M. Chevreul, on sait aujourd'hui, par mes expériences, que le vernis héliographique ne subit aucune altération dans le vide lumineux; il restait à savoir quel était le gaz qui agissait le plus dans la composition de l'air atmosphérique. *A priori*, on pouvait dire que c'était l'oxygène, en produisant une oxydation comme sur bien d'autres corps. Aujourd'hui je puis affirmer que c'est bien réellement l'oxygène qui agit, car il résulte des expériences comparatives que j'ai faites aux Gobelins, sous les yeux de M. Chevreul, que l'oxygène a constamment agi plus efficacement que l'air, sans cependant que les résultats de son action soient très différents de ceux qu'on obtient à l'air libre.

L'hydrogène n'a rien donné.

L'azote pur, rien non plus.

De sorte qu'il est bien évident que l'oxygène est indispensable pour que les phénomènes photographiques aient lieu sur des substances organiques.

Si, au contraire, on opère sur des matières inorganiques, telles que les sels d'argent que l'on emploie en photographie, l'air atmosphérique ne joue aucun rôle, puisque tous les composés d'argent noircissent dans le vide lumineux. Il ne m'a pas été possible de constater une différence sensible, et, si j'en admettais une, elle serait plutôt en faveur du vide.

Tels sont les résultats que j'ai obtenus en répétant un très grand nombre de fois les mêmes expériences, et en opérant dans les meilleures conditions possibles ; car je dirai que j'ai été grandement aidé par M. Decaux, préparateur de M. Chevreul aux Gobelins, et que je suis heureux de citer ici.

Ces expériences me donnèrent naturellement l'idée d'exposer à l'air et à la lumière toutes les substances organiques que l'on peut employer à composer un vernis héliographique, et de voir quelle influence ces deux agents réunis ou séparés pouvaient exercer sur les différents corps.

Les résultats de mes observations furent ceux-ci.

J'ai d'abord remarqué que le bitume de Judée était le corps le plus sensible à l'air et à la lumière, mais que cette *sensibilité* était excessivement variable.

La nature du bitume, son exposition à l'air et à la lumière, plus ou moins prolongée, et dans un état de division plus ou moins grand, sont autant de causes de variations dans la rapidité avec laquelle l'air et la lumière l'influencent.

Pour s'assurer de ce fait, on n'a qu'à exposer du bitume de Judée (pulvérisé en couches minces) à l'air et aux rayons solaires, pendant plusieurs jours ; on verra alors que le même bitume, étant dissous et à l'état de vernis héliographique, aura acquis une *sensibilité* beaucoup plus grande que celle qu'il avait auparavant.

Voici une autre expérience que j'ai faite et qui est encore plus frappante :

Si, après avoir fait dissoudre du bitume de Judée pour en former un vernis héliographique, on expose ce vernis à l'air et au soleil pendant environ deux ou trois heures, il acquerra une sensibilité double et triple de celle qu'il avait auparavant, et si l'on prolonge cette exposition de quelques heures, on augmentera encore la sensibilité ; mais il arrivera un moment où il faut soustraire le vernis à ces deux agents, sans cela il ne serait plus susceptible d'être employé : c'est ce qui a lieu après qu'il a subi une exposition de dix ou douze heures.

Les résines (le galipot par exemple) et les essences, exposées à l'air et à la lumière, acquièrent aussi de la sensibilité.

La benzine, qui se colore fortement sous l'influence de l'air et de la lumière, tandis que l'essence de citron se décolore, acquiert également de la sensibilité ; mais une trop longue exposition finit par rendre tous ces corps complétement inertes.

J'ai observé que l'air atmosphérique seul agit sur la benzine d'une manière différente que quand son action est combinée avec celle de la lumière ; d'où il résulte que la benzine peut être fortement colorée par l'influence de l'air seul, si la distillation ne lui a pas enlevé complétement les matières résineuses ou bitumineuses qu'elle contenait ; mais elle ne s'oxygénera ou ne s'oxydera que sous l'influence de l'air et de la lumière. Si la benzine a été distillée plusieurs fois, et que par ce fait on lui ait enlevé totalement les matières étrangères qu'elle contenait, elle ne se colorera plus sous l'influence de l'air, même réunie à l'action de la lumière; elle ne s'oxydera pas, à moins d'une exposition très prolongée, et elle ne sera toujours que très faiblement oxydée : on peut dire qu'elle est presque inerte.

La benzine dans cet état peut être employée pour former un vernis héliographique; mais il faudra, dans ce cas, une bien plus longue exposition du vernis à l'air et à la lumière, puisque la sensibilité ne proviendra plus pour ainsi dire que du bitume de Judée, et surtout de l'essence.

Les essences se comportent de même que la benzine, seulement il y a une très grande variation dans le temps nécessaire pour qu'elles soient influencées par l'air et par la lumière réunis; la différence existe non-seulement pour chaque espèce, mais même dans celles de même espèce.

Voilà les observations qui résultent de mes expériences, et que je crois devoir donner dans l'intérêt de la science et surtout de l'application de ce procédé de gravure héliographique.

CHAPITRE III.

COMPOSITION ET PRÉPARATION DU VERNIS HÉLIOGRAPHIQUE.

On a vu que mon oncle composait son vernis avec du bitume de Judée dissous dans l'essence de lavande.

Il faisait ce vernis sous forme de pâte onctueuse, et l'appliquait sur la planche de métal ou de verre au moyen d'un tampon.

M. Lemaître et moi, lorsque nous publiâmes ensemble la première communication qui fut faite à l'Académie des sciences, le 23 mai 1853, sur la gravure héliographique sur acier, nous indiquâmes le même vernis dont se servait Nicéphore Niepce, seulement nous l'étendions sur la planche au moyen d'un rouleau au lieu d'un tampon; mais ces deux moyens étaient défectueux, parce qu'ils ne donnaient pas une couche homogène.

Je crois avoir apporté un grand perfectionnement à ce procédé en indiquant le premier un vernis liquide. On en comprendra facilement l'avantage, puisqu'on peut ainsi l'appliquer facilement et avoir une couche lisse et bien homogène, condition indispensable pour obtenir de bons résultats; aussi est-ce de cette époque que datent les premières belles épreuves de gravure héliographique.

J'ai fait de nombreux essais avec les résines et les bitumes pour voir si l'on pouvait remplacer avantageusement le bitume de Judée; mais aucune autre matière résineuse ne lui est préférable.

De même, comme dissolvant du bitume de Judée, je n'ai rien trouvé de mieux que la benzine; il faut seulement y ajouter un dixième d'essence pour rendre le vernis plus sensible à la lumière et lui donner plus de liant et de viscosité. On peut à cet effet employer plusieurs sortes d'essences, mais toujours dans les proportions d'un dixième avec la benzine.

Toutes les essences ne sont cependant pas propres à former un vernis héliographique; car elles sont plus ou moins sensibles à la lumière, et elles forment un vernis plus ou moins pur et homogène, comme, par exemple, celles d'amandes amères et de laurier-cerise, qui sont les plus sensibles à la lumière, mais qui, à l'état de vernis héliographique, ne donnent pas, après la dessiccation, une couche homogène. On peut obvier autant que possible à cet inconvénient en chauffant légèrement la plaque vernie pour la sécher promptement. Je dis qu'il faut chauffer légèrement, parce que l'action de la chaleur enlève aux essences, et surtout au bitume de Judée, une grande partie de leur sensibilité à la lumière.

L'essence qui donne le vernis le plus onctueux est celle d'aspic pure non distillée; mais je préfère à toutes celle de zeste de citron pure (obtenue par expression), parce qu'elle donne les plus beaux résultats héliographiques.

Le vernis qu'elle forme est très homogène, plus siccatif et plus sensible à la lumière que celui que l'on prépare avec l'essence d'aspic, seulement il est plus sec, et c'est ce qui fait qu'il donne des traits plus purs.

Composition du vernis.

Benzine anhydre.	90 gram.
Essence de zeste de citron pure. . . .	10 —
Bitume de Judée pur.	2 —

Pour rendre la benzine plus anhydre, ou plutôt pour la dessécher, il suffit de mettre du chlorure de calcium dans le flacon qui la contient et de l'y laisser quelque temps en l'agitant ; on peut l'employer quarante-huit heures après.

La benzine qui contient de l'eau ne donne pas une belle couche de vernis : elle est dans ce cas toute *sillonnée.*

Le bitume de Judée se dissout très bien dans la benzine ; il suffit de l'agiter de temps en temps et de le laisser reposer pendant vingt-quatre heures, pour le décanter ou le filtrer ensuite afin d'en extraire les matières insolubles qui peuvent s'y rencontrer. On a alors un vernis très clair.

Ce vernis, qui est très fluide, a l'avantage de donner une couche mince, et plus la couche est mince, plus il y a d'accélération dans l'effet produit par la lumière, plus il y a de pureté dans les traits, et plus il y a enfin de demi-teintes.

Si dans certaines opérations par contact on a besoin d'un vernis plus épais, il suffit, dans ce cas, de laisser le flacon qui le contient débouché pendant quelques heures ; la benzine s'évaporant assez rapidement, le vernis deviendra moins liquide.

On peut aussi, au besoin, mettre 3 ou 4 grammes de bitume, suivant le sujet à reproduire : plus le bitume est épais, plus il offre de résistance à l'eau-forte ; mais on ne peut pas dépasser certaines limites, sans cela il n'y a plus de demi-teintes, et en outre le vernis se détache de la planche lors de l'action du dissolvant.

Le vernis étant préparé comme il a été dit plus haut, doit être tenu dans un flacon plein et bien bouché, et être mis à l'abri de la lumière afin de le conserver dans son état normal, si toutefois les matières qui le composent n'ont pas déjà subi une légère influence de l'air et de la lumière; car dans ce dernier cas, leur action continuant lentement, il arrivera qu'après un laps de temps plus ou moins long, le vernis acquerra une sensibilité qui souvent est plus nuisible qu'utile quand on opère par contact, comme je l'expliquerai plus loin. Il est donc préférable de ne préparer qu'une petite quantité de vernis à la fois

CHAPITRE IV.

NETTOYAGE DE LA PLANCHE D'ACIER.

Il faut avoir une planche d'acier parfaitement plane, première condition quand on opère par contact; puis que l'acier soit bien poli, chose indispensable quand on opère dans la chambre obscure.

La planche d'acier sortant de chez le planeur, ou venant de servir à faire une épreuve qui n'a pas réussi, doit être dégraissée ou nettoyée avec de la benzine, puis frottée avec un tampon de coton imprégné d'alcool à 40 degrés et saupoudré de *potée d'émeri* très fine, ce qui achève de polir l'acier et permet, avec du temps, de rendre la plaque d'acier comme une plaque d'argent pour le daguerréotype.

Les planches de zinc et de cuivre se nettoient et se polissent avec du tripoli; il en est de même de la feuille de verre ou de glace.

Lorsque la planche d'acier est suffisamment polie, on peut, si l'on veut, la recouvrir d'une couche de potée d'étain ou de tripoli délayé dans de l'alcool rectifié, et laisser sécher cette couche complétement pour l'enlever ensuite.

La planche ou plaque sur laquelle on doit verser le vernis étant parfaitement décapée et n'ayant aucune trace d'humidité, on passera un blaireau en plusieurs sens pour enlever les plus petits grains de poussière, ainsi que les filaments de coton qui auraient pu s'y attacher.

CHAPITRE V.

EXTENSION DU VERNIS.

La planche métallique ou de verre étant parfaitement nettoyée comme il a été dit dans le chapitre précédent, on procédera à l'application du vernis, chose qui n'est pas une des moins importantes, puisque la réussite d'une épreuve dépend d'abord d'une belle couche de vernis, c'est-à-dire parfaitement égale d'épaisseur et exempte de grains de poussière et non criblée d'une multitude de petits trous, comme cela arrive quand le vernis a été agité. Dans ce dernier cas, il ne faut pas craindre de nettoyer de nouveau la planche et d'étendre une nouvelle couche de vernis ; enfin il ne faut opérer, principalement dans la chambre obscure, que lorsqu'on a une très belle couche.

Maintenant quel est le meilleur moyen d'étendre le vernis ? Je dirai que c'est à l'opérateur à s'exercer, et que les moyens que je vais indiquer peuvent être modifiés ou changés selon l'habileté du praticien, qui peut-être est déjà accoutumé à l'extension du collodion ou de l'albumine sur verre, et dans ce cas il éprouvera bien moins de difficultés.

Voici comment j'opère sur une petite plaque. Je verse mon vernis tout doucement au centre de la plaque ; je l'étends ensuite par un mouvement de la main sur toute la surface de la plaque, que j'incline pour remettre l'excédant du vernis dans le flacon en le faisant couler par un des angles; après quoi je tiens ma plaque droite et toujours par un angle, pour laisser tomber le vernis en bas, puis je la retourne et l'appuie sur l'angle opposé contre un mur, en l'inclinant un peu pour la laisser sécher : ce qui exige seulement quelques minutes, car la benzine et l'essence de citron étant très volatiles et très siccatives, il en résulte une prompte dessiccation.

Mme Riffaut, la femme de l'artiste qui tire un si bon parti de la gravure héliographique, applique son vernis sur de grandes planches d'acier de la manière suivante :

Elle place sa planche dans une capsule, la tenant inclinée vers elle avec sa main gauche; de la droite elle verse son vernis rapidement sur le haut de la planche en allant de gauche à droite, l'ouverture du flacon tournée en dehors.

Elle tient ensuite la planche perpendiculairement pendant une ou deux minutes, en ayant soin d'enlever de temps en temps avec un linge le vernis qui s'amasse au bas de la plaque, qu'elle appuie ensuite verticalement contre un mur pour que la couche de vernis finisse de sécher.

Mme Riffaut obtient ainsi de très belles couches de vernis; mais il faut dire que cela n'a lieu qu'avec un vernis un peu épais, comme celui que l'on emploie quelquefois dans les opérations par contact.

Je préviens qu'il ne faut vernir la planche que quelques instants avant d'opérer, et qu'aussitôt que le vernis est sec, il faut le préserver de la lumière.

Le vernis n'étant pas d'une grande sensibilité, on peut sans inconvénient l'étendre sur la planche à la lumière diffuse.

CHAPITRE VI.

MANIÈRE D'OPÉRER PAR CONTACT.

Ce que j'appelle opérer par contact, c'est lorsqu'on applique sur une planche vernie le *recto* d'une gravure, d'un dessin ou d'une épreuve photographique, qu'on la recouvre d'une glace et que l'on expose le tout à la lumière.

Pour cette opération il n'est pas nécessaire de vernir ou de cirer la gravure, le dessin ou l'épreuve photographique sur papier que l'on veut reproduire. L'action de la lumière sera plus ou moins lente selon l'épaisseur du papier, mais le résultat sera meilleur que si le papier avait été verni ou ciré.

Pour reproduire une gravure, un dessin quel qu'il soit, il faudra d'abord en faire faire une photographie qui reproduira le sujet identiquement ou en réduction.

Cette photographie sera faite sur papier ou sur verre albuminé, selon l'objet à reproduire; car s'il s'agit d'une photographie d'après nature (un portrait, par exemple) ou d'après un tableau à l'huile, un positif sur papier mince et bien blanc donnera un aussi bon résultat qu'un positif sur verre albuminé, parce que ce dernier, s'il n'est pas parfait, donnera plus de dureté et moins de demi-teintes.

L'avantage d'une épreuve positive sur verre albuminé est d'être plus tôt reproduite et de donner des traits plus fins et plus nets. Elle est donc préférable pour certains sujets, tels que la reproduction d'un plan ou d'une gravure.

Je suppose maintenant que l'on veuille reproduire une photographie. On prendra un positif que l'on appliquera sur la planche vernie et que l'on recouvrira d'une glace pour qu'il y ait contact parfait, en admettant que préalablement la planche métallique soit parfaitement plane.

Le vernis ne poissant pas du tout, on peut sans inconvénient presser la glace dans un châssis comme ceux dont on se sert pour tirer les positifs en photographie, puis on exposera à la lumière.

CHAPITRE VII.

EXPOSITION A LA LUMIÈRE.

Quand on opère par contact, l'exposition à la lumière n'est jamais très longue; elle varie selon le sujet à reproduire, l'intensité de la lumière et la sensibilité du vernis, de sorte qu'il est impossible d'en indiquer au juste la durée. Je dirai seulement qu'elle ne dépasse pas généralement un quart d'heure à la lumière solaire, et une heure à la lumière diffuse.

Il est toujours préférable d'opérer au soleil ou avec des intermittences de soleil et de lumière diffuse, et surtout par un temps sec.

Le temps d'exposition à la lumière ayant été jugé suffisant (c'est ce que l'opérateur apprendra par l'expérience), on enlève le dessin qui avait été placé sur la planche vernie, et l'on procède immédiatement à l'application du dissolvant qui doit faire apparaître l'image.

CHAPITRE VIII.

COMPOSITION DU DISSOLVANT POUR DÉVELOPPER L'IMAGE,
ET MANIÈRE DE L'EMPLOYER.

L'application du dissolvant fait apparaître l'image qui est invisible, en enlevant le vernis dans toutes les parties qui ont été préservées de l'action de la lumière, tandis que celles qui ont été impressionnées par son action sont devenues insolubles; il s'ensuit que le métal est mis à nu dans toutes les parties correspondant aux noirs de la gravure ou du dessin, en conservant, bien entendu, toutes les demi-teintes.

On enlève ensuite mécaniquement le dissolvant en versant de l'eau sur la plaque, puis on la sèche, et les opérations héliographiques sont terminées. Tel est le résultat des opérations que je vais détailler.

Composition du dissolvant.

Huile de naphte rectifiée. . . . .　4 parties.
Benzine ordinaire (1). . . . . . .　1　—

---

(1) On peut remplacer au besoin l'huile de naphte par l'huile de schiste, mais comme elle est plus énergique que la première, il faut une plus faible quantité de benzine.

Ce dissolvant m'a constamment donné de bons résultats, parce que j'ai toujours cherché à régler l'action de la lumière sur la force du dissolvant et non le dissolvant sur l'action de la lumière.

Il est clair que si l'action de la lumière a été faible, il faudra un dissolvant plus faible que celui que j'indique ; si, au contraire, l'action de la lumière a été prolongée, il faudra un dissolvant plus fort, c'est-à-dire plus actif, afin de pouvoir dissoudre plus facilement les parties du vernis solidifiées par la lumière.

On rend le dissolvant plus actif en augmentant les proportions de benzine, ou en diminuant celles d'huile de naphte.

EMPLOI DU DISSOLVANT.

Le dissolvant doit être appliqué immédiatement après l'exposition à la lumière, surtout quand on opère dans la chambre obscure, et par contact aussitôt que l'on enlève la gravure ou la photographie de dessus la planche vernie.

L'emploi du dissolvant doit se faire de la manière suivante : Sur de petites plaques, il est facile de verser avec un verre très évasé du haut une quantité suffisante de liquide pour couvrir d'un seul coup toute la surface de la plaque. On peut encore se servir du même moyen qu'emploie Mme Riffaut pour étendre le vernis. Mais pour de très grandes planches, il faut absolument avoir recours à une bassine dans laquelle on met suffisamment de dissolvant pour qu'en y plongeant rapidement et d'un seul coup toute la surface de la plaque, elle se trouve recouverte de liquide.

6

Le dissolvant agissant avec beaucoup de rapidité, il faut généralement (à moins que l'influence de la lumière n'ait été trop forte) en arrêter immédiatement l'action au moyen de l'eau, comme cela sera dit dans le chapitre suivant.

Si le dissolvant emporte tout le vernis, c'est que l'action de la lumière n'a pas été assez prolongée; si, au contraire, il ne découvre que faiblement l'image, ou pas du tout, c'est que l'influence de la lumière aura été trop prolongée ou que le vernis était trop sensible; dans ce dernier cas l'image est toujours voilée.

Si le vernis se détache dans certaines parties de la plaque, c'est une preuve certaine qu'il y avait de l'humidité sur l'acier, soit avant l'extension du vernis, soit après. Il arrive aussi quelquefois qu'une couche de vernis trop épaisse se détache partiellement.

Je parlerai, au chapitre de la *morsure de la planche*, des avantages et des inconvénients d'une couche de vernis trop épaisse.

Avant de terminer ce chapitre, je dirai que le dissolvant peut servir plusieurs fois, surtout en le filtrant lorsqu'il devient trop coloré.

CHAPITRE IX.

DU LAVAGE POUR ARRÊTER L'ACTION ET ENLEVER LE DISSOLVANT.

J'ai dit qu'il fallait arrêter l'action du dissolvant aussitôt après son emploi, à moins que l'influence de la lumière n'ait été trop prolongée, et que par cela même il agisse plus lentement.

Pour arrêter l'action et enlever le dissolvant, il faut verser de l'eau sur la plaque en forme de nappe, ou bien la plonger dans une grande bassine pleine d'eau dans laquelle on l'agite vivement pendant quelques instants; puis on la passe sous le robinet d'une fontaine pour la débarrasser complétement du dissolvant, et l'on enlève les gouttes d'eau qui quelquefois restent sur l'épreuve, en faisant courir un filet d'eau sur toute sa surface, et s'il en restait encore, ce qui produirait des taches sur le vernis et par suite sur la planche, on les ferait disparaître au moyen d'un soufflet qui les chasse entièrement.

Pour sécher la planche, on l'expose à l'air ou bien on la chauffe légèrement, et les opérations héliographiques sont terminées.

CHAPITRE X.

FUMIGATIONS POUR CONSOLIDER LE VERNIS,
MANIÈRE DE LES APPLIQUER.

Je désigne sous le nom de *fumigations*, des vapeurs d'essence, que je fais condenser sur la couche de vernis, afin de la rendre plus imperméable à l'eau acidulée que l'on emploie pour faire mordre la planche.

Il arrive parfois qu'un vernis, quoique paraissant dans de bonnes conditions de morsure, ne résiste p: s à l'action de l'eau-forte, qu'il est *piqué*, en terme du métier, et que par suite les blancs qui devraient être très purs sont souvent teintés.

J'ai dû chercher par tous les moyens possibles à remédier à ce grave inconvénient.

Ainsi j'ai essayé de mettre de la cire dans mon vernis, comme mon oncle l'avait indiqué pour opérer sur le cuivre; mais si l'on veut conserver au vernis son homogénéité, il faut y mettre très peu de cire, et alors elle devient inutile pour donner de la résistance.

Je n'ai rien trouvé de mieux pour consolider le vernis que les fumigations d'essence d'aspic ou de lavande.

Voici la manière d'appliquer ces fumigations : On a une boîte semblable à celle qui sert à passer la plaque daguerrienne au mercure, fermant hermétiquement, de la dimension des plus grandes plaques d'acier sur lesquelles on doit opérer, parce qu'au moyen de deux petites barres mobiles appuyées sur des linteaux placés dans l'intérieur, et qu'on éloigne ou que l'on rapproche, on peut également y poser de plus petites planches.

Dans l'ouverture ronde d'une feuille de zinc placée au fond de la boîte, qui doit se trouver élevée à une certaine distance du sol, on fixe une capsule de porcelaine (contenant de l'essence d'aspic pure non distillée ou rectifiée) qu'on chauffe avec une lampe à alcool de manière à porter la température de 70 à 80 degrés au plus, afin d'éviter de volatiliser une trop grande quantité d'huile essentielle. Dans ce dernier cas, le vernis se dissoudrait et ne présenterait pas, comme cela doit être, une couche brillante, de couleur bronze et irisée, semblable au premier aspect de la plaque vernie avant l'exposition à la lumière.

Je recommande, dans ces *fumigations*, de ne chauffer l'essence que jusqu'à ce qu'il y ait un léger dégagement de vapeur, et de n'y exposer la plaque vernie que lorsque la boîte, que l'on doit tenir fermée, est remplie de vapeurs, afin que ces dernières viennent se condenser également sur la couche de vernis.

L'exposition de la plaque doit être de deux ou trois minutes, et, si l'on juge que l'effet n'est pas suffisant, on recommence une seconde *fumigation* en chauffant de nouveau. La même essence peut encore servir à une seconde fumigation, mais pas au delà.

On laisse ensuite bien sécher la plaque en l'exposant un instant à l'air avant de la faire mordre à l'eau-forte, et, si les opérations ont été bien faites, on aura une résistance complète, qu'il faut même éviter de porter à l'excès, parce que l'eau acidulée n'agirait plus.

CHAPITRE XI.

APPLICATION DU GRAIN D'*AQUA-TINTA*.

Le grain d'*aqua-tinta* est indispensable toutes les fois que l'on voudra graver par contact une reproduction photographique d'un monument, d'un paysage ou d'un portrait d'après nature ou d'après un tableau à l'huile ; en un mot, tout ce qui est sans traits.

Si, au contraire, on veut graver la reproduction d'une gravure, d'un dessin, d'un plan linéaire, il ne sera pas nécessaire de mettre de grain d'*aqua-tinta*. Car l'utilité de ce grain, c'est de permettre d'encrer une planche qui, sans cela, ne pourrait l'être que très imparfaitement, attendu qu'elle ne retiendrait pas l'encre nécessaire pour donner une bonne épreuve à l'impression en taille-douce. Telle est, par exemple, la reproduction d'une épreuve photographique d'après un monument, qui n'a que des teintes plates, tandis que la reproduction d'une gravure donnera des tailles qui retiendront l'encre sans le secours du grain d'*aqua-tinta*.

Pour appliquer le grain on procède ainsi : On met de la résine réduite en poudre très fine dans le fond d'une boîte préparée à cet effet, on l'agite à l'aide d'un soufflet, de manière à former une sorte de nuage de poussière qu'on laisse retomber sur la plaque, ainsi que cela est pratiqué pour la gravure à l'*aqua-tinta*. La plaque est alors chauffée ; la

résine forme un réseau sur la totalité de la gravure ; elle
consolide le vernis, qui peut alors résister plus longtemps à
l'action corrosive du mordant (acide azotique étendu d'eau);
elle forme dans les noirs un grain plus ou moins fin (selon
la finesse de la poudre), qui retient l'encre d'imprimerie et
permet d'obtenir de bonnes et nombreuses épreuves après
que le vernis et la résine ont été enlevés à l'aide de corps
gras chauffés et des essences ou de la benzine.

CHAPITRE XII.

MORSURE DE LA PLANCHE.

Les opérations héliographiques étant terminées, on procède à la morsure de la planche d'acier, partie importante du procédé.

Je recommande de ne faire mordre une planche que lorsque l'opération héliographique est bien réussie; et pour qu'elle soit dans de bonnes conditions de morsure, il faut d'abord que le temps d'exposition à la lumière ait été suffisant pour que le vernis ait pris la consistance nécessaire pour résister à l'action de l'eau-forte, et pour cela l'expérience fera voir qu'il faut qu'il ait, après l'action du dissolvant, le même aspect qu'il avait avant son exposition à la lumière, c'est-à-dire un aspect brillant et irisé, sans que l'image soit trop voilée.

J'appelle image voilée, une image qui n'est pas entièrement découverte, où le métal n'est pas à peu près complétement à nu dans les parties correspondant aux ombres les plus fortes.

Telle doit être l'image quand on opère par contact, et c'est ainsi que l'on doit chercher à l'obtenir pour qu'elle soit dans de bonnes conditions de morsure.

Je suppose maintenant une planche d'acier avec une épreuve héliographique ayant subi les *fumigations* (si céla

a été jugé nécessaire) et le grain d'*aqua-tinta* étant appliqué.
On procédera à la morsure de la manière suivante :

Après avoir bordé la planche de mastic et recouvert de
vernis les parties qui ne doivent pas être attaquées, comme
cela se fait pour la gravure à l'eau-forte ordinaire, on
versera sur la planche de l'eau acidulée d'acide azotique,
en commençant par une eau à 1 degré et que l'on peut
porter successivement jusqu'à 12, selon la résistance du
vernis et la profondeur que l'on voudra obtenir. Il faut à cet
effet changer d'eau plusieurs fois et même sans augmenter
la quantité d'acide. Cela est nécessaire pour faire attaquer
la planche métallique, car il arrive souvent que l'eau-forte
ne mord pas tout de suite, surtout si la planche a subi des
fumigations d'essence d'aspic, qui graisse assez fortement
la couche de vernis, ou la consolide tellement, que l'eau-
forte n'a plus d'action.

Dans ce cas, on peut quelquefois faire attaquer la plaque
par l'acide en la retirant de l'eau une ou deux fois, et en la
soumettant au contact de l'air.

J'ai obtenu un meilleur résultat en versant de l'eau chaude
sur la plaque avant de mettre l'eau-forte ; mais il faut encore
se servir du soufflet, comme je l'ai dit plus haut, pour enlever les gouttes d'eau qui pourraient rester sur l'épreuve.

Un moyen assez original qu'emploie M. Riffaut, le graveur, c'est de mouiller la planche avec de la salive avant de
mettre l'eau-forte, cela lui réussit toujours ; mais on ne peut
faire ainsi que sur de petites plaques.

J'ai essayé l'eau-forte alcoolisée, employée par certains
graveurs, mais cela ne m'a pas réussi comme les moyens
que j'ai indiqués.

7

La morsure ayant été jugée suffisante, il faudra, avec de l'eau pure, arrêter l'action de l'eau-forte assez à temps pour ne pas laisser attaquer le vernis dans les parties qui doivent être préservées ; c'est malheureusement ce qui arrive quelquefois, sans que l'opérateur sache au juste d'où cela provient : le vernis est traversé et les blancs se trouvent teintés.

J'ai cherché à remédier à cet inconvénient, et j'y suis parvenu en employant l'eau d'iode comme mordant.

Voici comment on opère dans ce cas : On supprime les fumigations que j'ai indiquées ; elles sont certainement d'un grand secours, je dirai tout de suite indispensables, quand on opère dans la chambre obscure ; mais comme elles sont d'un emploi difficile et donnent souvent trop ou pas assez de résistance au vernis, il était nécessaire de chercher un autre mordant que l'eau-forte, qui pût agir sur le métal sans attaquer le vernis. Dans le grand nombre d'expériences que j'ai faites à ce sujet, je n'ai rien trouvé de mieux que l'eau iodée ou saturée d'iode à une température de 10 à 15 degrés au plus, de manière qu'elle ait une couleur d'un jaune d'or et n'allant pas jusqu'au rouge orangé.

On commence la morsure en couvrant la plaque d'eau iodée qu'on renouvelle après dix minutes, un quart d'heure, parce que la première eau ne doit plus contenir d'iode : une partie a dû se combiner avec l'acier en formant un iodure de fer, et l'autre s'est volatilisée, de sorte qu'il est important de changer deux ou trois fois cette eau, c'est-à-dire jusqu'à ce que l'on juge la plaque suffisamment mordue.

La morsure se fait lentement, et, de plus, elle ne serait jamais assez profonde, si l'on ne terminait pas par l'emploi de l'eau-forte qui, dans ce cas, doit être très faiblement acidulée ; elle agit alors suffisamment pour creuser le métal plus profondément que l'iode et sans attaquer le vernis.

L'application de ce procédé donne d'excellents résultats à M. Riffaut.

Si l'on opère sur une planche de zinc, la morsure se fait de même que sur acier ; mais sur cuivre il faut une eau-forte beaucoup plus acidulée, et dans ce cas le vernis résistera encore moins ; et comme on ne peut pas employer l'eau d'iode sur zinc ni sur cuivre, parce qu'il se forme des iodures insolubles, on devra de préférence faire mordre la planche de cuivre par la pile, comme l'a fait M. Baldus pour la reproduction des gravures de Lepautre.

Pour faire mordre avec l'eau d'iode ou par la pile, il faut absolument des images héliographiques complétement découvertes et non voilées, comme on les obtient quelquefois soit avec un vernis trop sensible à la lumière, soit par une trop longue exposition. Si une épreuve est légèrement voilée, on emploie dans ce cas l'eau-forte seule.

Je vais faire part également d'une observation que j'ai faite : c'est que la couleur des métaux change notablement la durée de l'impression du vernis à la lumière. Ainsi un vernis étendu sur une plaque d'argent s'impressionnera un tiers plus vite que sur acier et sur cuivre ; le zinc s'impressionnera plus vite que l'acier et moins vite que l'argent : on peut donc en conclure que cela tient à la blancheur et à l'éclat du métal.

Il résulte de toutes ces opérations que, sans le secours du dessin, on peut reproduire et graver sur acier ou sur d'autres métaux, comme le zinc et le cuivre, toute espèce d'épreuves photographiques sur verre ou sur papier, sans avoir besoin de la chambre obscure, c'est-à-dire en opérant par contact ou par superposition.

Si l'on reproduit, en opérant ainsi, une gravure, un dessin au crayon ou un dessin linéaire, l'épreuve n'aura généralement pas besoin d'être retouchée par la main d'un graveur; mais dans l'état actuel des choses, il est presque toujours nécessaire de retoucher la reproduction d'une épreuve photographique, telle qu'un portrait d'après nature ou la reproduction d'un tableau à l'huile. Malgré cette nécessité, quel avantage n'offre pas ce procédé aux graveurs qui ont si facilement et si promptement un dessous ou une ébauche qui leur auraient demandé tant de temps et de peines, et sans avoir jamais la même exactitude? car c'est un moyen d'obtenir des *fac-simile* parfaits, et c'est ce que fait M. Riffaut tous les jours.

Je vais décrire maintenant la manière d'opérer dans la chambre obscure; mais comme elle diffère de celle par contact, je vais la traiter à part.

CHAPITRE XIII.

MANIÈRE D'OPÉRER DANS LA CHAMBRE NOIRE.

Le 8 octobre 1855, j'ai présenté à l'Académie des sciences une planche d'acier gravée directement dans la chambre noire par la lumière solaire, sans aucune retouche du graveur, et des épreuves sur papier imprimées au moyen de cette planche.

Je cite cette date parce que je crois être le premier qui ait obtenu ce résultat.

Nicéphore Niepce, et Daguerre ensuite, avaient bien obtenu des épreuves dans la chambre obscure ; mais d'abord elles étaient sur plaqué d'argent, par conséquent impropres à être gravées, et puis elles n'étaient obtenues que par une très longue exposition à la lumière, puisque cette exposition durait souvent des journées entières et souvent sans résultat satisfaisant. Le but de leurs recherches était différent du mien. Mon oncle ayant renoncé à la gravure du jour où il s'associa à Daguerre pour ne produire plus qu'une image unique, semblable, quant à l'aspect, à celle qu'on nomme aujourd'hui image daguerrienne, ils ne s'occupèrent plus de la résistance du vernis sous l'action de l'eau-forte, ils n'en avaient pas besoin à leur point de vue ; mais moi, qui poursuivais l'idée primitive de mon oncle en cherchant à graver, non plus comme l'avait déjà obtenu Nicéphore Niepce dès 1827, en opérant par contact sur une planche d'étain (procédé dont j'ai entre les mains un spécimen), mais en opérant dans la chambre obscure comme je le fais aujourd'hui.

Il m'a fallu pour cela modifier les procédés que j'ai indiqués pour les opérations par contact, et voici pourquoi :

Pour obtenir une image bien découverte dans la chambre obscure, surtout sur acier, il faudrait employer un vernis qui n'ait pas été sensibilisé par une exposition préalable à l'influence de l'air et de la lumière, ou du moins fort peu ; ce qui rendrait indispensable une exposition beaucoup trop longue encore, quoi qu'elle soit bien abrégée comparativement à celle nécessaire dans le procédé de Nicéphore Niepce et Daguerre.

D'un autre côté, il fallait donner de la résistance au vernis, qui est bien plus faible quand on opère dans la chambre obscure que lorsqu'on opère par contact.

Ainsi, en résumé, il faut, pour opérer dans la chambre obscure, accélération et résistance du vernis, deux choses qui ont été de ma part l'objet de nombreuses recherches dont je vais donner le résultat.

Dans les opérations par contact que j'ai décrites, on a vu qu'il fallait obtenir sur la planche d'acier une image parfaitement découverte.

Mais lorsqu'on opère dans la chambre noire, on ne doit pas chercher à obtenir une image semblable à l'image daguerrienne, parce que dans ce cas il faudrait employer un vernis nouvellement préparé et non sensibilisé (comme je l'indiquerai plus loin) ce qui nécessiterait une très longue exposition à la lumière.

J'ai donc dû chercher un vernis qui produisît une image

à la chambre noire dans le moins de temps possible et dans de bonnes conditions de morsure, et je n'ai pu obtenir ce résultat qu'en me servant d'un vernis rendu beaucoup plus sensible par une exposition à l'air et à la lumière; mais alors il ne produit plus que des images qui ne se découvrent pas entièrement, c'est-à-dire qui sont *voilées*, suivant l'expression que j'ai déjà employée dans cet ouvrage; il est nécessaire qu'elles soient ainsi quand on opère dans la chambre noire, sans toutefois que la chose soit portée à l'excès, parce que dans ce cas l'eau-forte n'attaquerait plus le métal, à moins qu'elle ne soit très acidulée, et il en résulterait alors une morsure très inégale.

Tous les bitumes de Judée peuvent être rendus propres à la gravure héliographique dans la chambre noire, en observant, toutefois, que l'avantage restera toujours à ceux de ces produits exceptionnels qui, ayant une sensibilité naturelle, sont bien préférables, parce qu'ils donnent en très peu de temps une image moins voilée que celle obtenue au moyen d'un vernis sensibilisé par une exposition à l'air et à la lumière.

Le bitume de Judée étant dissous dans de la benzine et un dixième d'essence de citron, comme je l'ai indiqué, le vernis ainsi préparé et contenu dans un flacon non entièrement rempli et dont le bouchon laisse pénétrer l'air, on l'expose à la lumière solaire pendant une demi-heure ou une heure au plus, ou bien pendant cinq ou six heures à la lumière diffuse.

Le temps de l'exposition à l'air et à la lumière diffuse doit varier en raison de la sensibilité naturelle du bitume de Judée et selon que la benzine et l'essence ont déjà subi plus ou moins l'action de l'air et de la lumière, car ces agents exercent leur action avec une telle rapidité sur la benzine et surtout sur l'essence de citron, qu'il faut n'employer ces substances que nouvellement extraites, ou lorsqu'elles ont été préservées de toute action de la lumière ; elles peuvent, comme je l'ai déjà dit, avoir subi sans inconvénient l'influence de l'air seul.

Il faut étudier la sensibilité du vernis, et, pour la connaître, je conseille de faire quelques essais par contact; si l'on obtient une bonne épreuve sur plaque d'acier en cinq à six minutes au soleil (avec une épreuve photographique sur verre albuminé) sans que l'image soit voilée, le vernis alors sera assez sensible pour opérer dans la chambre noire.

Un essai dans la chambre noire avec de bonnes conditions de lumière sera aussi nécessaire pour bien juger du temps d'exposition et connaître le vernis; ce n'est véritablement qu'en opérant deux ou trois jours de suite que l'on peut être certain d'obtenir de bons résultats, et comme on ne peut pas faire plusieurs épreuves dans un jour avec la même chambre noire, il est utile d'opérer en même temps avec deux ou trois, afin de se familiariser plus promptement avec ce procédé.

Le temps d'exposition de la planche vernie placée dans la chambre noire varie d'une demi-heure à trois heures au soleil, ou de deux à six à la lumière diffuse. On peut rendre le vernis beaucoup plus sensible en l'exposant plus longtemps à l'air et à la lumière; mais plus il sera sensible, moins l'image se découvrira par l'action du dissolvant. Si l'on prolongeait par trop l'exposition du vernis à l'air et à la lumière, il deviendrait complétement inerte. Il faut même, pour éviter cet inconvénient, n'en préparer, comme je l'ai déjà dit, qu'une petite quantité à la fois, parce que dès que le vernis a subi l'influence de l'air et de la lumière, il acquiert encore (surtout avec certain bitume de Judée) de la sensibilité, quoique renfermé hermétiquement et tenu dans l'obscurité : ce qui ferait penser qu'une fois que le vernis a subi l'influence de l'air et de la lumière, l'action continue, quoiqu'il soit soustrait à l'influence de ces agents.

On peut aussi sensibiliser le vernis par les moyens suivants. On expose de l'essence de citron, d'amandes amères ou d'aspic, à l'air et à la lumière pendant un certain temps pour qu'elle soit saturée d'oxygène; alors on prend cette essence pour la mettre dans une capsule que l'on renferme dans la chambre obscure avec la planche enduite d'un vernis non sensibilisé préalablement. On obtient alors le même effet d'accélération mentionné plus haut; mais ce moyen ne peut être employé par une forte chaleur, parce que dans ce cas les vapeurs d'essence ternissent la lentille de l'objectif et attaquent en même temps le vernis.

Cette même essence exposée à l'air et à la lumière peut aussi être employée en vapeur pour sensibiliser la planche vernie avant de la placer dans la chambre noire; mais il est difficile d'en régler l'action, de sorte que je préfère employer un vernis sensibilisé, comme je l'ai dit précédemment.

Toute la question aujourd'hui est de donner encore plus de sensibilité au vernis, tout en lui conservant la propriété de reproduire une image suffisamment découverte par l'action du dissolvant, étude dont je m'occupe journellement et dont je ne cesserai de m'occuper que quand je serai parvenu à obtenir ce résultat.

J'ai à parler maintenant de la résistance du vernis à l'ac-

8

tion de l'eau-forte. Dans les opérations par contact, il offre
généralement plus de résistance que lorsqu'on opère dans
la chambre noire ; du reste, j'ai dit déjà que dans le premier
cas l'eau d'iode était très bonne pour commencer la morsure ; mais comme elle n'a aucune action sur les images
voilées que donne la chambre noire, j'ai dû chercher à
consolider le vernis de cette dernière image.

Après de nombreuses expériences sur les essences que
l'on pouvait employer en mélange avec la benzine pour
obtenir une plus grande imperméabilité, je n'ai rien trouvé
qui remplaçât avec avantage l'essence de citron ; mais elle
ne donne pas toujours une résistance suffisante, et pour
l'obtenir, la première condition est que le vernis qui a reçu
l'épreuve dans la chambre noire, et qui est resté adhérent
à la plaque après l'action du dissolvant, présente le même
aspect après son exposition à la lumière qu'avant, c'est-à-
dire un aspect brillant et irisé, sans que l'image soit trop
voilée.

Lorsque le vernis est dans cet état, on peut, surtout si on
le laisse quelques jours exposé à un courant d'air, faire
mordre la planche ; mais il est plus prudent d'employer les
vapeurs d'essence d'aspic que j'ai indiquées sous le nom de
fumigations, et que je n'ai pas encore trouvé le moyen de
remplacer avantageusement ; il faut seulement avoir soin
de les appliquer convenablement.

J'ai dû supprimer sur les épreuves obtenues directement
à la chambre noire le *grain d'aqua-tinta* que l'on souffle
sur la reproduction d'une épreuve photographique obtenue
par contact sur la planche d'acier.

Quelquefois une morsure assez profonde, faite avec l'eau-forte seule (surtout sur de petites images très fines) permet d'encrer et de tirer de bonnes épreuves; mais souvent il arrive qu'en voulant pousser trop loin la morsure, on détruit les finesses de l'image, parce que les traits les plus fins se trouvent rongés.

Il est donc préférable, surtout sur de grandes images, de ne pas pousser la morsure si loin et de donner ce que j'appellerai un *grain chimique*, que j'obtiens au moyen de l'eau d'iode qui, dans ce cas, vient dépolir légèrement les tailles faites par l'eau-forte. On peut alors encrer une planche mordue à peu de profondeur, et le dessin n'aura rien perdu de sa finesse, si l'on a eu le soin de ne pas trop prolonger l'action de l'eau iodée.

Au moyen des opérations que je viens de décrire, on obtient directement à la chambre noire, sur une planche d'acier, de zinc ou de cuivre, une image photographique dont on peut tirer, par l'impression en taille-douce (1), des épreuves qui, par le modelé et la finesse des traits, peuvent rivaliser avec les épreuves photographiques sur papier. Elles ont de plus l'avantage d'être inaltérables, de pouvoir être tirées à un grand nombre d'exemplaires, et par conséquent livrées à bon marché.

Je dois dire que dans l'état actuel des choses les opérations dans la chambre noire sont plus longues et plus difficiles que celles par contact; mais les épreuves ainsi obtenues ont l'avantage de ne jamais avoir besoin d'être retouchées (car elles ont la finesse d'une image daguerrienne), et de donner

_____

(1) L'imprimeur doit teinter légèrement son encre avec du carmin, afin de donner plus de douceur et le même aspect qu'une photographie.

un bien plus beau résultat, puisqu'on opère directement, sans aucun transport, ce qui permettra de faire des *fac-simile* de gravure parfaits.

Je dirai à l'appui de cette assertion qu'ayant copié une photographie (la *Vénus à la coquille* de Jean Goujon, photographiée par M. Bayard, avec un effet de relief), j'ai obtenu en gravure le même effet de relief que présente la photographie. Ce résultat fait voir quel parti on peut tirer de ce procédé, puisqu'à défaut de l'original, on peut obtenir le même aspect en copiant la photographie; mais il est bien entendu qu'il sera toujours préférable de prendre sur nature, car ayant gravé directement le même bas-relief d'après un plâtre, j'ai obtenu un dessin bien supérieur à la photographie comme effet de relief, et ayant toutes les demi-teintes.

CHAPITRE XIV.

GRAVURE HÉLIOGRAPHIQUE SUR VERRE.

En opérant sur une plaque de verre on obtient les mêmes résultats que sur une plaque métallique. J'ai eu alors l'idée d'utiliser cette image en la gravant avec de l'acide fluorhydrique.

A cet effet j'ai composé un vernis complétement imperméable à l'acide, sans le secours des *fumigations :* il suffit pour cela de mettre dans le vernis un gramme de caoutchouc dissous préalablement dans l'essence de térébenthine en forme de pâte onctueuse; mais ce vernis ne peut supporter la chaleur à laquelle on est obligé de soumettre la plaque métallique pour appliquer le grain d'*aqua-tinta* nécessaire pour la reproduction des épreuves photographiques par contact.

Ce vernis est très bon pour l'application que j'ai faite de la gravure héliographique sur verre.

On opère dans ce cas comme sur la plaque métallique, en ayant soin toutefois de placer une feuille de papier blanc derrière le verre. L'image héliographique étant obtenue dans de bonnes conditions (c'est-à-dire n'étant pas voilée quand on opère par contact, et très légèrement si l'on opère dans la chambre noire), on soumet la plaque de verre à l'action de l'acide fluorhydrique pour graver en mat, ou bien on couvre la feuille de verre de cet acide hydraté pour graver en creux. On obtient ainsi de très jolis dessins photographiques, et, si l'on opère sur un verre rouge où la couleur ne soit appliquée que d'un seul côté, on a un dessin blanc sur un fond rouge : on pourrait ainsi obtenir des dessins blancs sur toute espèce de verre de couleur.

TABLE DES MATIERES.

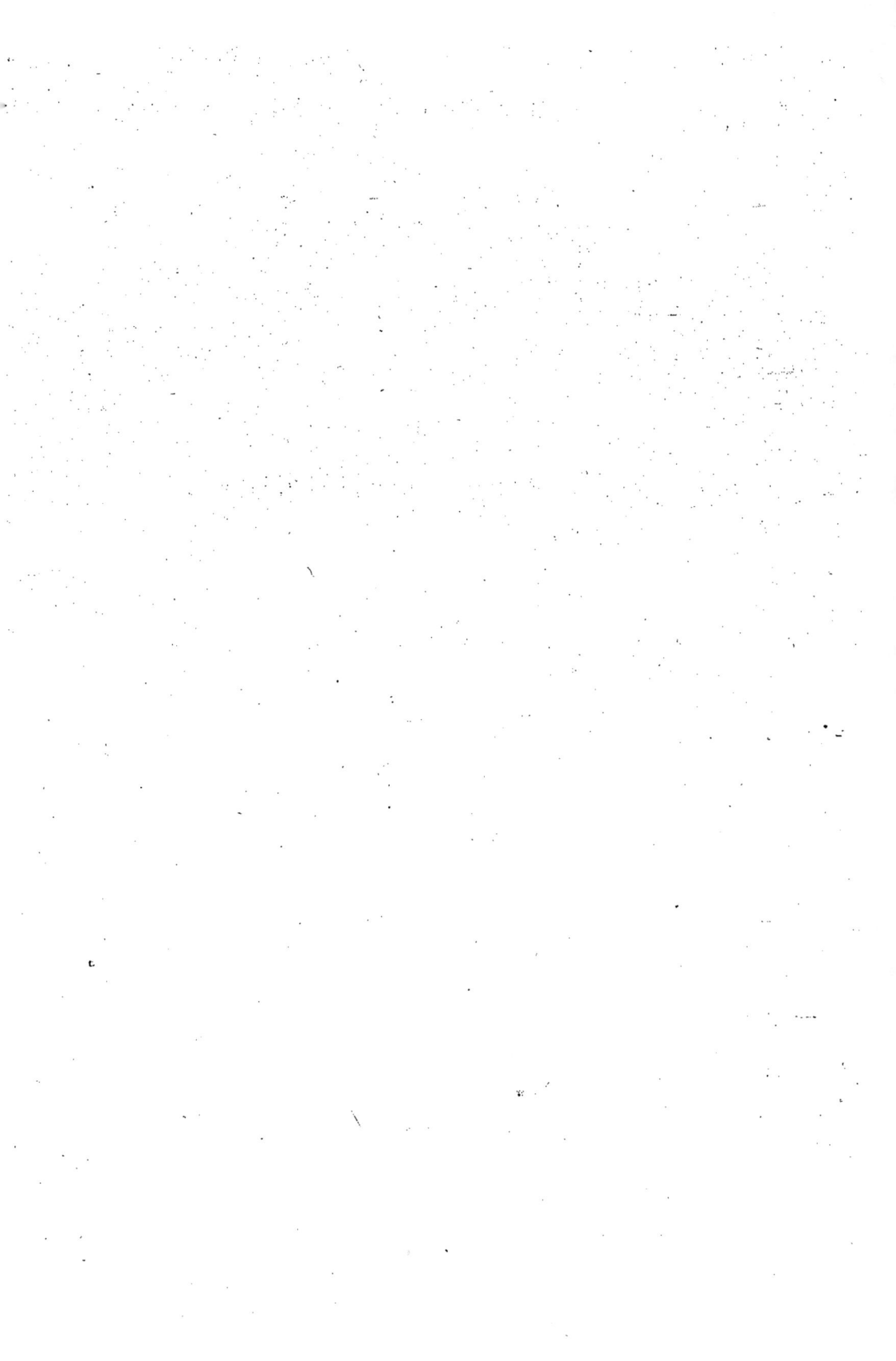

www.ingramcontent.com/pod-product-compliance
Lightning Source LLC
Chambersburg PA
CBHW070933280326
41934CB00009B/1860